ARREST DV CONSEIL D'ESTAT,

Portant nouueau delay pour le conuertissemét & exposition au marc
... pieces d'or & d'argent lege-
... prolongation de l'exposi-
... s Especes d'argent de Fran-
... poids auec le remede.

... la Cour des Monnoyes le dernier Decembre 1644.

A PARIS,
Chez SEBASTIEN CRAMOISY, Imprimeur ordinaire du Roy, de la Reyne Regente, & de la Cour des Monnoyes.

M. DC. XLV.

Auec Priuilege de sa Maiesté.

ARREST DV CONSEIL D'ESTAT,

Portant nouueau delay pour le conuertissemēt & exposition au marc des Especes d'or & d'argent legeres : & prolongation de l'exposition des Especes d'argent de France de poids auec le remede.

Registré en la Cour des Monnoyes le dernier Decembre 1644.

A PARIS,
Chez SEBASTIEN CRAMOISY, Imprimeur ordinaire du Roy, de la Reyne Regente, & de la Cour des Monnoyes.

M. DC. XLV.

Auec Priuilege de sa Maiesté.

EXTRAICT DES REGISTRES du Conseil d'Estat.

SVR l'aduis donné au Roy en son Conseil, que pour faciliter le commerce, il est necessaire de donner encore vne nouuelle prolongation pour le conuertissement & exposition des Especes d'or & d'argent legeres au marc, & des Especes d'argent de France de poids auec le remede des grains, porté par la Declaration du troisiéme Octobre 1640. Et oüy le rapport du Sr de Mauroy Intendant des Finances: SADITE MAIESTÉ EN SON CONSEIL, a continué & accordé nouueau delay pour le conuertissement & exposition au marc desdites Especes d'or & d'argent legeres pour six mois; pendant lequel temps SA MAIESTÉ enioint à toutes personnes de porter ou enuoyer tant en la Monnoye du moulin de Paris , qu'en celle eſtablie en la ville de Lion, toutes les Eſpeces d'or & d'argent legeres, pour y eſtre conuerties, & la valeur renduë comme il eſt accouſtumé. Et à faute d'apporter ledit or & argent leger dãs ledit temps, VEVT ſadite Maieſté qu'il demeure décrié de tout cours & miſe, & leſdites Eſpeces confiſquées au profit de ſadite Maieſté, ſur lequel ſera pris le tiers pour le denonciateur. Et pour les Especes d'argent de France de poids auec le remede des grains accordé par la Declaration de sadite Maiesté du troisiéme Octobre 1640. SADITE MAIESTÉ a aussi prolongé pareil temps de six mois pour l'exposition d'icelles. FAIT au Conseil d'Estat du Roy, tenu à Paris le 22. Decembre 1644.

Signé, GALLAND.

LOVIS par la grace de Dieu Roy de France & de Nauarre, à nos amez & feaux Conſeillers les gens tenans noſtre Cour des Monnoyes, Salut. Par l'Arreſt dont l'extraict eſt cy attaché ſous le contre-ſeel de noſtre Chancelerie, ce iourd'huy donné en nô-tre Conſeil d'Eſtat, Nous auons continué & accordé nouueau delay pour le conuertiſſement & expoſition au marc des Eſpeces d'or & d'argent legeres pour ſix mois, aux conditions & charges declarées par ledit Arreſt: Et pour les Especes d'argent de France de poids auec le remede des grains accordé par nostre Declaration du troisiesme Octobre 1640. Nous auons aussi prolongé pareil temps de six mois. A CES CAVSES Nous vous mandons & ordonnons de faire registrer, lire & publier ledit Arrest & ces presentes, & tenir la main à l'execution d'iceux : Car tel est nostre plaisir. DONNÉ à Paris le 22. Decembre, l'an de grace 1644. & de nostre regne le deuxiéme.

Si-

Signé, Par le Roy en son Conseil, GALLAND, & seellé de cire iaune du grand seel sur simple queuë.

EXTRAIT DES REGISTRES de la Cour des Monnoyes.

VEU par la Cour l'Arrest du Conseil d'Estat du Roy du 22. des presens mois & an, & Commission sur iceluy addressante à ladite Cour, signé, Par le Roy en son Cõseil, GALLAND, & seellé de cire iaune du grand seel sur simple queuë: Par lequel Arrest sa Maiesté pour les causes y contenuës, a continué & accordé nouueau delay pour le conuertissement & exposition au marc des Especes d'or & d'argent legeres pour six mois, pendant lequel temps sa Maiesté enioint à toutes personnes de porter ou enuoyer, tant à la Monnoye du Moulin de Paris, qu'en celle establie en la ville de Lyon: toutes les Especes d'or & d'argent legeres, pour y estre conuerties, & la valeur renduë: comme il est accoustumé: Et à faute d'apporter ledit or & argent leger dans ledit temps, veut sadite Maiesté qu'il demeure décrié de tout cours & mise, & lesdites Especes confisquées à son profit, sur lequel sera pris le tiers pour le denonciateur: Et pour les Eſpéces d'argent de France, auec le remede des grains accordé par la Declaration du 3. Octobre 1640. Sa Maieſté a auſſi prolongé pareil temps de ſix mois pour l'expoſition d'icelles. Oüy & ce requerant le Procureur general : LA COVR a ordonné & ordonne, que ledit Arreſt & Commiſſion, ſeront regiſtrez és regiſtres d'icelle, pour eſtre executez ſelō leur forme & teneur; & en ce faiſant que toutes perſonnes ſeront tenues de porter ou d'enuoyer dans ledit temps, tant aux Monnoyes du Moulin eſtablies en cette ville de Paris, & celle de Lyon, qu'en celles du Marteau ouuertes en ce Royaume, toutes Eſpeces d'or &

d'argent legeres, pour estre conuerties, & la valeur renduë en Especes de poids fabriquées esdites Monnoyes aux coins & armes de sadite Maiesté: Et à cette fin que ledit Arrest du Conseil, & le present Arrest seront leus & publiez par les carrefours, lieux publics & accoustumez de ladite ville de Paris, & copies collationnées par le Greffier d'icelle desdits Arrests & Commission, seront par luy enuoyées aux Generaux Prouinciaux & Gardes des Mõnoyes de ce Royaume, pour iceux faire executer selon leur forme & teneur. Fait en la Cour des Monnoyes le dernier Decembre 1644.

Signé, DELAISTRE.

L'an mil six cens quarante-quatre, le Samedy dernier iour de Decembre, l'Arrest du Conseil d'Estat portant nouueau delay pour le conuertissement & exposition au marc des Especes d'or & d'argent legeres; & prolongation de l'exposition des Especes d'argent de France de poids auec le remede des grains, pour six mois: ensemble l'Arrest de la Cour des Monnoyes portant enregistrement dudit Arrest du Conseil, ont esté leus & publiez à son de trompe & cry public, aux carrefours & autres lieux, tant ordinaires qu'extraordinaires de cette Ville & Fauxbourgs de Paris, en la presence de nous Iean Gerin premier Huissier en ladite Cour des Monnoyes, Iacques Blondel & Michel Rebours, Huissiers en icelle soussignez, par Iean Iossier Iuré Crieur ordinaire du Roy en ladite Ville, Preuosté & Vicomté de Paris, accompagné de trois Trompettes commis de Pierre

Gilbert, Gentien le Chable, & autres Iurez Trompettes du Roy esdits lieux.

Signé, GERIN, BLONDEL, & REBOVRS.

Collationné à l'original par moy Conseiller Secretaire du Roy, Maison & Couronne de France, & de ses Finances, & Greffier en chef de la Cour des Monnoyes.

www.ingramcontent.com/pod-product-compliance
Lightning Source LLC
LaVergne TN
LVHW010216230826
846091LV00008BB/3536

* 9 7 8 2 3 2 9 6 2 5 7 0 6 *